모국어가
공부의
열쇠다

정 박사의 제대로 배우는

모공열
한글

1

이 책을 만든 사람들

지은이
정도상 서울대 언어학 박사

공동 작업자
장원철 ㈜언어과학 이사

모공열 한글
1권

초판 1쇄 발행 2018년 7월 10일
초판 4쇄 발행 2022년 4월 11일

펴낸이 정도상
펴낸곳 ㈜언어과학
디자인 김현진
영업 장원철·김종수
홈페이지 www.mogong10.com
주소 경기도 안양시 동안구 흥안대로 427번길 38 성지스타위드 1302호
전화 031-345-6450
팩스 031-345-6455
출판등록 2003년 12월 2일 제320-2003-69호
인쇄처 한영문화사

ISBN 978-89-92420-22-8
      978-89-92420-25-9 (세트)

학부모에게 드리는 편지

언제 한글을 배워야 할까?

아이들의 글자 학습은 놀이와 운동으로 감각을 키우는 5-6세를 지나서 시작하는 첫 단계의 지적 학습 활동입니다. 아이들은 글자를 쓰는 활동에서 뇌와 그동안 키운 손감각을 활용합니다. 인간이 글자를 익히는 가장 적절한 시기는 7-8세입니다. 우리 교육 시스템에서 초등학교 입학 전후가 최적의 시기입니다.

우리 아이는 이미 한글을 배웠다?

최근에 조기 교육으로 3-4세부터 한글을 가르치기도 합니다. 적기보다 일찍 한글을 배워서 책도 읽고 글도 쓰는 아이들도 있지만, 아이의 성장에는 긍정적인 측면보다 부정적인 측면이 더 클 수 있습니다. 그 시기의 아이들은 글자보다 감각으로 사물과 개념을 접해서 상상력을 키우는 것이 성장에 더 도움이 됩니다.

그리고 한글을 일찍 배운 아이가 모든 글자를 정확하게 깨우치기는 쉽지 않습니다. 아이들의 논리적, 인지적 사고력이 한글의 모든 글자를 배울 정도로 체계를 형성하지 못하기 때문입니다. 한글을 어느 정도 알고 있는 아이도 처음부터 새로 체계적인 학습이 필요합니다.

올바른 학습 습관은 한글 학습에서

아이들에게 올바른 학습 습관을 길러 주는 첫 번째 기회가 글자 교육입니다. 처음부터 어설프고, 불완전한 학습 습관을 기르지 않도록 철저한 교육을 할 필요가 있습니다. <모공열 한글>은 훈민정음의 원리를 적용하여 한글을 쓰는 기초적인 방법부터 문장을 쓸 수 있는 단계까지 진정한 의미에서 한글을 끝낼 수 있도록 구성했습니다. 이 책에서 받아쓰기 학습은 포함하지 않았습니다. 받아쓰기가 한글을 익히는 데 도움이 될 수도 있겠지만 최선의 방법은 아닙니다. 지적인 학습의 첫 단계에서 아이들이 틀리면 안 된다는 강박감에 시달리지 않으면 좋겠다고 생각했습니다. 이 책은 더 효율적으로 한글을 배울 수 있는 방법을 추구합니다.

삶에서 지식과 창의력이 성공의 필수 조건입니다. 아이가 짧게는 3개월, 길게는 6개월간 한글을 배워 지식을 쌓아 가는 힘찬 발걸음을 내딛도록 격려하고 도와주시기 바랍니다.

고맙습니다.

2018년 6월 **정도상** 올림

모공열 한글의 목표

한글을 완벽하게!

어설프게 배운 한글이 더 위험하다!

적절한 시기보다 글자를 일찍 배우면 좋은 점도 있겠지만, 아이의 상상력과 추론 능력에는 도움이 되지 않습니다. 하지만 안타깝게도 3-4세가 되었을 때 아이에게 한글을 가르치는 부모들이 의외로 많습니다. 일찍부터 한글을 배운 아이들은 어설프게 배워 그 지식이 완벽하지 않은 경우가 허다합니다. 모르는 것보다 어설프게 배운 한글이 더 위험합니다.

나중에 배워야 하는 글자는 없다!

한글을 깨우치려면 모든 글자를 읽고 쓸 줄 알아야 합니다. 그런데 한글을 다 배웠다는 아이들도 '잇/잊/있, 낫/낮/낯/낱/날'을 정확하게 구별하고, 그 차이를 알고 있는 경우는 많지 않습니다. 한글을 올바르게 배우고 깨우쳤다면 모든 글자의 쓰임과 차이를 명확하게 알 수 있어야 합니다. 글자 중에서 일찍 배워야 하는 글자와 나중에 배워야 하는 글자가 따로 존재하지 않습니다. 우리말에 사용되는 모든 글자는 한 번에 완벽하게 깨쳐야 합니다.

실제 사용하는 말을 배워야 한다!

글자를 배울 때는 아이들이 실제로 사용하는 살아 있는 낱말을 익혀야 합니다. 말이든 글이든 '오다, 가다, 사다, 먹다'와 같은 기본형은 실제 생활에 쓰이지 않고 사전에서 사용하는 표현입니다. 이 책에서는 '가더니, 오는, 사서, 먹으면서' 등으로, 글자와 낱말을 배웁니다. 또한 7-8세 아이들에게는 사물을 지칭하는 명사 중심의 교육에서 벗어날 필요가 있습니다. 아이들이 자주 사용하는 '다시, 너무, 미리, 모두, 이미, 바로' 등의 말을 쓰면서 자신감을 가질 수 있도록 배려했습니다.

한글, 완벽하게 깨우쳐야 한다!

우리 학생들은 한 번에 그리고 집중해서 학습하는 데 익숙하지 않습니다. 어려서부터 자기도 모르게 불완전한 학습 습관이 길러지도록 교육을 받기 때문이지요. 이러한 좋지 않은 학습 습관은 대체로 조기 학습과 선행 학습에서 비롯됩니다. 한글 학습에서도 아이들은 간단한 낱말을 읽기만 해도 칭찬을 받았고, 그러한 경험으로 한글을 다 알고 있다는 착각을 하게 됩니다. 우리말의 '빗/빚/빛, 입/잎'과 같은 글자를 4학년이 되어서 구별하는 것은 올바른 글자 교육이 아닙니다. 글자는 배울 때 정확하고, 완벽하게 배워야 합니다. 또한 글자만 배우고 띄어쓰기, 낱말의 순서, 문장 부호를 몰라서 한 문장도 스스로 쓸 수 없다면 불완전한 학습입니다. 한글에 쓰이는 모든 글자를 다 읽고 쓸 수 있고, 띄어쓰기, 낱말의 순서까지 배워서, 마침내 창의적으로 하나의 문장을 쓸 수 있어야 완벽한 한글 학습입니다.

모공열 한글의 구성

모공열 한글 1권

1권에서는 우리말의 '거미, 고구마, 고모, 이모, 다시, 기차, 레고, 코끼리, 꼬리, 때때로, 뿌리, 찌꺼기'와 같이 받침이 들어가지 않은 글자 학습이 목표입니다.

1단계 : **맨 처음에 글자 쓰는 법부터 시작합니다.**

한글은 '왼쪽에서 오른쪽으로, 위에서 아래로' 쓰는 것이 가장 중요한 원칙입니다. 이 원칙을 포함한 가장 기본적인 글자 쓰는 법부터 배웁니다.

2단계 : **기본 모음 'ㅏ, ㅓ, ㅗ, ㅜ, ㅡ, ㅣ'를 익힙니다.**

기본 자음(ㄱ, ㄴ, ㄷ, ㄹ, ㅁ, ㅂ, ㅅ, ㅇ)과 기본 모음(ㅏ, ㅓ, ㅗ, ㅜ, ㅡ, ㅣ)이 결합한 글자를 배웁니다. 이것을 배우면서 '고구마, 거미, 이모, 고모, 우리, 어머니' 등의 낱말을 익힙니다.

3단계 : **우리말은 자음보다 모음을 먼저 배우는 것이 훈민정음의 원리에 맞습니다.**

다른 자음을 배우기 전에 기본 모음에서 하나의 획을 더한 'ㅐ, ㅔ, ㅑ, ㅕ, ㅛ, ㅠ'를 배웁니다. 이 단계에서 '유리, 매미, 레고, 여기, 이야기' 등의 낱말을 익힙니다.

4단계 : **우리말의 기본 모음을 다 익힌 상태에서 기본 자음 (ㅈ, ㅊ, ㅋ, ㅌ, ㅍ, ㅎ), 쌍자음(ㄲ, ㄸ, ㅃ, ㅆ, ㅉ)과 결합한 글자와 낱말을 배웁니다.**

이 단계에서 '아버지, 기차, 허리, 파리, 포도, 피아노, 때때로, 꼬리, 뿌리, 아빠, 토끼, 까치, 찌꺼기' 등의 낱말을 익힙니다.

모공열 한글 2권

2권에서는 우리말의 '참치, 신발장, 목욕탕, 컴퓨터, 짜장면, 컵라면, 깜짝, 꿀꺽, 깨끗한, 과일, 바퀴, 열쇠, 외계인, 왜냐하면' 등의 낱말을 익히는 것을 목표로 합니다. 이 낱말을 익히고 나서 글자와 소리가 달라지는 원리를 배워서 아이들이 소리 나는 대로 글자를 쓰지 않도록 훈련을 합니다.

1단계 : **기본 받침에 속하는 'ㄱ, ㄴ, ㄹ, ㅁ, ㅂ, ㅅ, ㅇ'이 들어간 받침 글자를 학습합니다.**

> 우리말에서 기본 받침 글자이지만 'ㄷ, ㅌ, ㅈ, ㅊ, ㅋ, ㅍ, ㅎ'은 그 쓰임이 어려워서 3권에서 학습합니다.
> 이 단계에서 '자동차, 참치, 컴퓨터, 목욕탕' 등의 어휘를 익힙니다.

2단계 : **복합 모음 1 'ㅘ, ㅝ, ㅢ, ㅚ, ㅟ'를 먼저 배우고, 복합 모음 2 'ㅒ, ㅖ, ㅙ, ㅞ'를 학습합니다.**

> 이 단계에서 '과자, 병원, 열쇠, 바퀴, 외국어, 예술, 외계인, 차례' 등의 낱말을 익힙니다.

3단계 : **여기까지의 학습으로 어려운 받침을 제외한 글자를 모두 학습하게 됩니다.**

> 다음 단계로 넘어가기 전에 '사람이, 동물이, 밥을, 눈에서, 음악, 이름이' 등의 다양한 표현을 쓰면서 소리 나는 대로 쓰지 않고 원형을 밝혀 적는 훈련을 합니다.

모공열 한글 3권

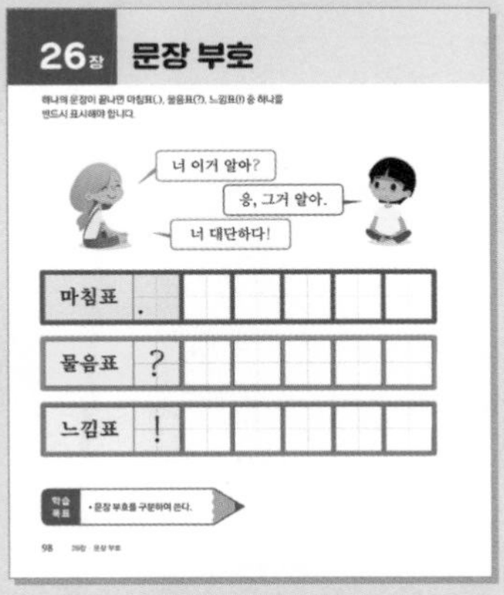

3권에서는 우리말의 '높다, 낮다, 같다, 젖은, 떡볶이, 있다, 없다, 많은, 앉아서, 않고, 읽고, 젊은, 밟고, 핥아서, 잃어버린' 등의 낱말을 익히는 것을 목표로 합니다. 또한 소리는 같은데 글자가 다른 '이따가/있다가, 업고/엎고/없고' 등의 낱말을 구별하고 그 뜻을 익힙니다. 마지막으로 문장 부호, 띄어쓰기를 학습하고, 배운 글자로 창의적 문장과 간단한 글을 써 보게 됩니다.

1단계 : 받침 중에서 어려운 'ㄷ, ㅌ, ㅈ, ㅊ, ㅋ, ㅍ, ㅎ' 받침 글자를 학습합니다.

이 받침 글자는 아이들이 매우 어려워합니다. 이 단계에서 '높다, 낮다, 얕다, 좋은, 꽃, 옆에, 앞집' 등의 낱말을 익힙니다.

2단계 : 자주 쓰이는 쌍자음 받침 'ㄲ, ㅆ'과 겹받침 'ㄶ, ㄵ, ㅄ'을 학습합니다.

이 단계에서 '떡볶이, 많은, 앉아서, 없는, 있는' 등의 낱말을 익힙니다.

3단계 : '있다가/이따가, 같다/갔다, 낫다/났다/낮다' 등의 낱말 뜻과 글자의 차이를 익히고 난 뒤,

한글 학습에서 가장 어려운 겹받침 'ㄺ, ㄻ, ㄼ, ㄳ, ㄾ, ㄿ, ㅀ, ㄳ'을 배웁니다.

4단계 : 모든 글자 학습이 끝나고, 문장에서 마침표, 물음표, 느낌표를 쓰는 법과 띄어쓰기를 학습합니다.

마지막으로 아이들이 많이 틀린다는 문장에 쓰인 낱말들의 순서를 배웁니다. 이렇게 해서 모든 학습이 끝나고 나면 혼자서 창의적인 문장을 써 보고, 간단한 초대글 등을 쓰는 것으로 학습을 마무리합니다.

훈민정음의 원리를 충실히 반영한 모공열 한글

모공열 한글은 훈민정음의 원리에 따라서 한글 교육을 합니다. 훈민정음의 원리는 휴대전화 문자입력 시스템 "나랏글"에 잘 반영되어 있습니다.

나랏글 문자 입력의 이해

자음 구성 원리

기본 자음 'ㄱ, ㄴ, ㄹ, ㅁ, ㅅ, ㅇ'에서 획을 추가(가획)해서 다른 자음을 만들고, 쌍자음(ㄲ, ㄸ, ㅃ, ㅆ, ㅉ)은 같은 글자를 나란히 써서(각자 병서) 만듭니다.

기본 자음	획추가	획추가	각자 병서
ㄱ		ㅋ	ㄲ
ㄴ	ㄷ	ㅌ	ㄸ
ㅁ	ㅂ	ㅍ	ㅃ
ㅅ	ㅈ	ㅊ	ㅆ ㅉ
ㅇ		ㅎ	

모음 구성 원리

모음은 천지인(· ㅡ ㅣ)을 활용하여 기본 모음 'ㅏ, ㅓ, ㅗ, ㅜ, ㅡ, ㅣ' 여섯 개가 만들어집니다. 이 기본 모음에 획을 추가하여 'ㅑ, ㅕ, ㅛ, ㅠ'를 만들고, 'ㅐ, ㅔ'와 다른 복합 모음은 두 개의 모음을 합해서 만듭니다.

모음 + 획 추가			
ㅏ + 획 추가	ㅑ	ㅓ + 획 추가	ㅕ
ㅗ + 획 추가	ㅛ	ㅜ + 획 추가	ㅠ

모음 + 모음			
ㅏ + ㅣ	ㅐ	ㅑ + ㅣ	ㅒ
ㅓ + ㅣ	ㅔ	ㅕ + ㅣ	ㅖ
ㅗ + ㅏ	ㅘ	ㅗ + ㅐ	ㅙ
ㅜ + ㅣ	ㅟ	ㅜ + ㅔ	ㅞ

한글 원리에 충실하게!

한글 모음부터 학습

인간의 말은 모음이 기본입니다. 글자도 모음부터 학습합니다.
우리말에서 가장 많이 쓰이는 기본 모음부터 학습합니다.

기본 자음과 기본 모음의 결합

한글은 자음과 모음이 합쳐져서 하나의 글자가 됩니다.
글자의 구성 원리를 알고 글자를 학습합니다.

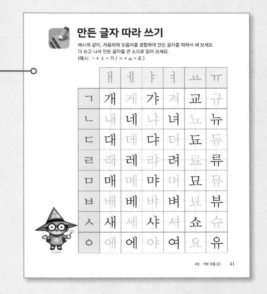

기본 받침이 들어간 글자 학습

우리말의 기본 받침
'ㄱ, ㄴ, ㄹ, ㅁ, ㅂ, ㅅ, ㅇ'을
학습합니다. 받아쓰기 대신
글자와 소리의 다름을 배웁니다.

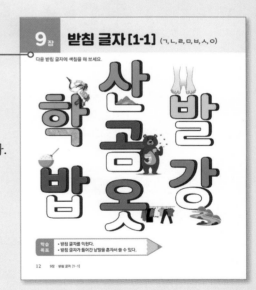

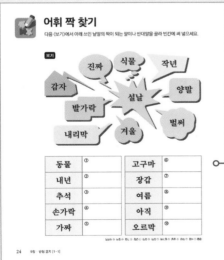

글자를 배우면서 대립 어휘를 익힙니다.

글자 단계별로 대립 어휘를 배우면서 기본적인 논리적
사고력을 키웁니다. '나/너, 세모/네모, 여기/저기, 아니?/
모르니?, 이모/고모, 파리/모기, 가서/와서' 등의 짝이 되는
낱말을 함께 학습합니다.

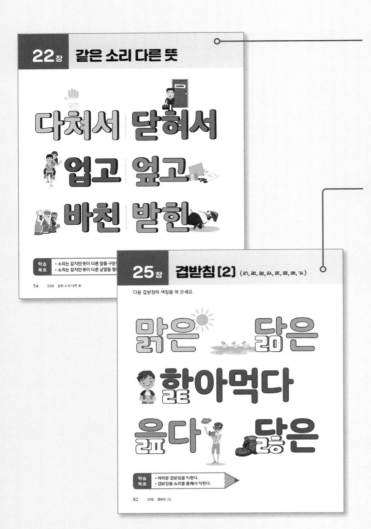

소리는 같지만 다르게 쓰는 글자 학습

우리말에서 매우 어려운 글자들을 학습합니다.
'반드시/반듯이, 어른/얼은, 모기/목이, 무리/물이,
입이/잎이, 업고/엎고/없고, 다쳐서/닫혀서, 같다/갔다,
부치고/붙이고' 등을 구별하는 학습을 합니다.

겹받침 학습

우리말에서 가장 어려운 겹받침 글자들을 학습합니다.
겹받침 글자는 '읽어서, 없어서, 얇은, 맑은, 젊은, 흙이,
밟아서'와 같이 뒤에 모음을 넣어서 쉽게 예측할 수 있는
방법으로 배웁니다.

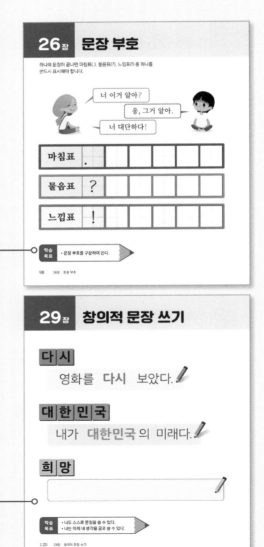

문장 부호, 띄어쓰기,
낱말의 순서 학습

문장 쓰기에 필요한 마침표, 물음표, 느낌표의
쓰임을 학습합니다. 문장을 쓸 수 있도록
띄어쓰기와 낱말의 순서를 배웁니다.

창의적 문장과 글쓰기 학습

글자를 깨우친 기념으로 스스로 문장과
간단한 글을 써 봅니다.

학습 목표
- 한글 글자 쓰는 법을 익힌다.
- 기본 모음을 익힌다.

한글 글자 쓰는 법

우리말 글자에서 쓰이는 기본 모양입니다. 기본 모양을 따라서 쓰면서
한글을 배우기 위한 기초를 잡아 보세요.

왼쪽에서 오른쪽으로					
위에서 아래로					
왼쪽에서 오른쪽 아래로					
오른쪽에서 왼쪽 아래로					
왼쪽에서 오른쪽으로					
오른쪽으로 그리고 아래로					
아래로 그리고 오른쪽으로					

기본 모음 색칠하기

다음 모음자에 색칠을 해 보세요.

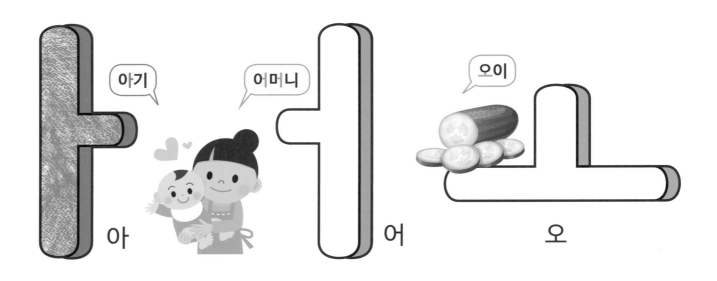

아   어   오

우   으   이

기본 모음 따라 쓰기

다음 모음자를 쓰기 순서대로 따라서 써 보세요.

기본 모음 혼자서 쓰기

쓰기 순서에 맞춰 빈칸에 모음자를 써 넣으세요.

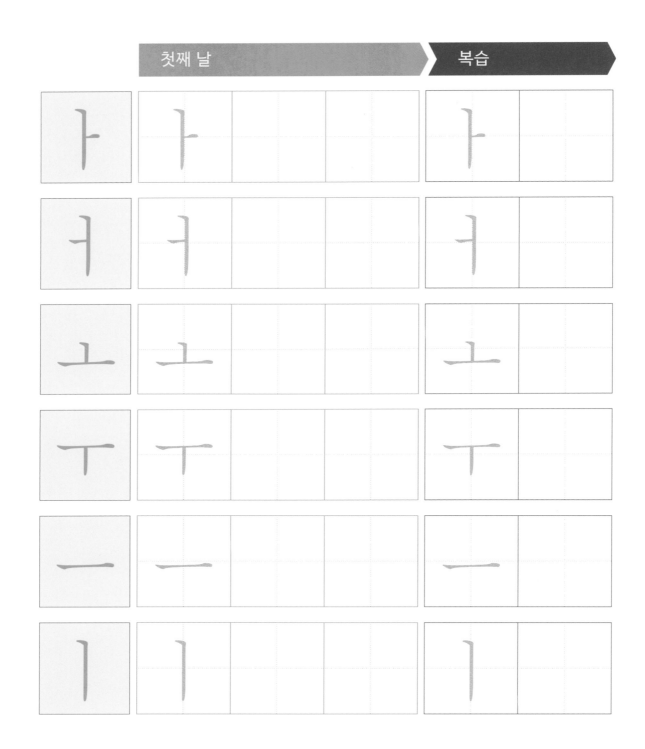

| 첫째 날 | | | | 복습 | |

글자 혼자서 쓰기

주어진 글자를 큰 소리로 읽고 나서, 쓰기 순서에 맞춰 빈칸에 써 넣으세요.

첫째 날				복습	
아	아			아	
어	어			어	
오	오			오	
우	우			우	
으	으			으	
이	이			이	

그림과 낱말 연결하기

그림과 낱말을 연결하고 큰 소리로 읽어 보세요.

오이 ·

아이 ·

으아 ·

아우 ·

글자 골라 써 보기

그림을 보고, 〈보기〉에서 알맞은 글자를 골라 쓰세요. 다 쓰고 난 다음 모든 낱말을
큰 소리로 읽어 보세요.

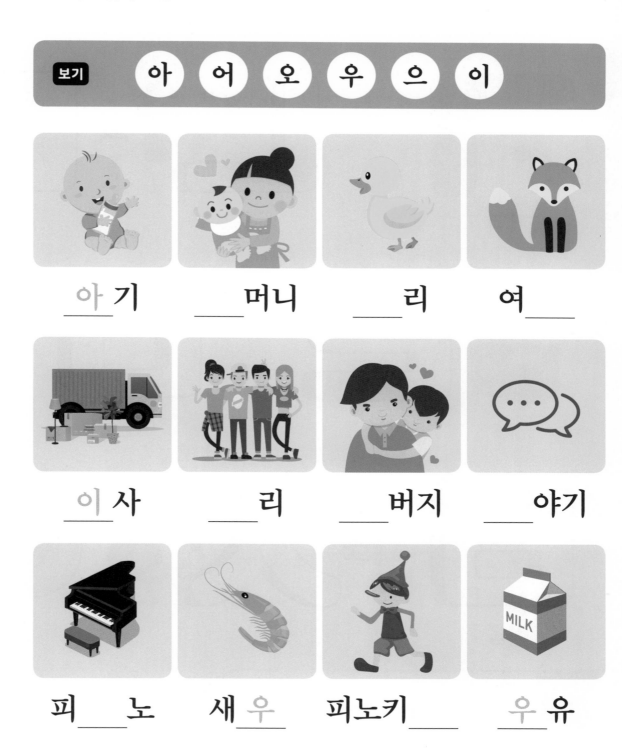

보기 아 어 오 우 으 이

<u>아</u> 기 　　___ 머니 　　___ 리 　　여 ___

<u>이</u> 사 　　___ 리 　　___ 버지 　　___ 야기

피 ___ 노 　　새 <u>우</u> 　　피노키 ___ 　　<u>우</u> 유

다음 자음자에 색칠을 해 보세요.

거미

기역

누나

니은

두부

디귿

라디오

리을

모기

미음

버스

비읍

사자

시옷

오리

이응

학습
목표

- 기본 자음을 익힌다.
- 기본 자음과 모음으로 글자를 만든다.

기본 자음 따라 쓰기

다음 자음자를 쓰기 순서대로 따라서 써 보세요.

	첫째 날			복습		
기역	ㄱ	ㄱ	ㄱ	ㄱ	ㄱ	ㄱ
니은	ㄴ	ㄴ	ㄴ	ㄴ	ㄴ	ㄴ
디귿	ㄷ	ㄷ	ㄷ	ㄷ	ㄷ	ㄷ
리을	ㄹ	ㄹ	ㄹ	ㄹ	ㄹ	ㄹ
미음	ㅁ	ㅁ	ㅁ	ㅁ	ㅁ	ㅁ
비읍	ㅂ	ㅂ	ㅂ	ㅂ	ㅂ	ㅂ
시옷	ㅅ	ㅅ	ㅅ	ㅅ	ㅅ	ㅅ
이응	ㅇ	ㅇ	ㅇ	ㅇ	ㅇ	ㅇ

기본 자음 혼자서 쓰기

쓰기 순서에 맞춰 빈칸에 자음자를 써 넣으세요.

		첫째 날			복습		
기역	ㄱ	ㄱ					
니은	ㄴ	ㄴ					
디귿	ㄷ	ㄷ					
리을	ㄹ	ㄹ					
미음	ㅁ	ㅁ					
비읍	ㅂ	ㅂ					
시옷	ㅅ	ㅅ					
이응	ㅇ	ㅇ					

만든 글자 따라 쓰기

예시와 같이, [ㅏ, ㅓ, ㅣ]는 자음자의 오른쪽에, [ㅗ, ㅜ, ㅡ]는 자음자의 아래쪽에 붙여서 씁니다. 자음자와 모음자를 결합하여 만든 글자를 따라서 써 보세요.
(예시: ㄱ + ㅏ = 가 / ㅁ + ㅗ = 모)

	ㅏ	ㅓ	ㅗ	ㅜ	ㅡ	ㅣ
ㄱ	가	거	고	구	그	기
ㄴ	나	너	노	누	느	니
ㄷ	다	더	도	두	드	디
ㄹ	라	러	로	루	르	리
ㅁ	마	머	모	무	므	미
ㅂ	바	버	보	부	브	비
ㅅ	사	서	소	수	스	시
ㅇ	아	어	오	우	으	이

만든 글자 혼자서 쓰기

자음자와 모음자를 결합하여 만든 글자를 빈칸에 채워 넣으세요.
기억하세요! [ㅏ, ㅓ, ㅣ]는 자음자의 오른쪽에, [ㅗ, ㅜ, ㅡ]는 자음자의 아래쪽에!

	ㅏ	ㅓ	ㅗ	ㅜ	ㅡ	ㅣ
ㄱ	가		고		그	
ㄴ		너		누		니
ㄷ	다		도		드	
ㄹ		러		루		리
ㅁ	마		모		므	
ㅂ		버		부		비
ㅅ	사		소		스	
ㅇ		어		우		이

그림과 낱말 연결하기

그림과 낱말을 연결하고 큰 소리로 읽어 보세요.

너구리	바다	고구마	고기	다리
머리	비누	두부	거미	누나

글자 골라 써 보기

그림을 보고, 〈보기〉에서 알맞은 글자를 골라 쓰세요. 다 쓰고 난 다음 모든 낱말을
큰 소리로 읽어 보세요.

보기

구
리
그
부

소 리___   ___그 리다   가___   어 부___

다
두
미
누

거___   ___리   ___부   누 구___

도
루
니
스

어머___   ___마   버___   마___

낱말 색칠해 보기

다음 그림의 바깥 테두리를 그려 보고, 낱말을 읽으면서 색칠해 보세요.

고구마

누구?

라디오

버스

다음 글자에 색칠을 해 보세요.

나 + 비 = 나비

오 + 이 = 오이

학습 목표
- 기본 자모로 된 글자를 익힌다.
- 기본 자모로 만들어진 낱말을 혼자서 쓸 수 있다.

그림과 낱말 연결하기

그림과 낱말을 연결하고 큰 소리로 읽어 보세요.

| 아기 | 모기 | 소리 | 나무 |

낱말 따라 쓰기

위에서 연결한 낱말을 큰 소리로 읽고, 따라서 써 보세요.

	첫째 날		복습	
아기	아기		아기	
모기	모기		모기	
소리	소리		소리	
나무	나무		나무	

그림과 낱말 연결하기

그림과 낱말을 연결하고 큰 소리로 읽어 보세요.

| 우리 | 누나 | 거미 | 버스 |

낱말 따라 쓰기

위에서 연결한 낱말을 큰 소리로 읽고, 따라서 써 보세요.

	첫째 날			복습	
우리	우리			우리	
누나	누나			누나	
거미	거미			거미	
버스	버스			버스	

낱말 만들어 읽고 쓰기

예시와 같이, 올바른 낱말이 되도록 왼쪽과 오른쪽 글자를 연결하고 빈칸에 그 낱말을 써 넣으세요. (예시: **머** + **리** = 머리 / **고** + **기** = 고기)

구	·	·	기	아기	
나	·	·	두	구두	
아	·	·	비	나비	
머	·········	·	리	머리	

	우리	우	·	·	나
	누나	누	·	·	리
	고기	고	·	·	나무
	버드나무	버드	·	·	기

낱말 만들어 읽고 쓰기

올바른 낱말이 되도록 왼쪽과 오른쪽 글자를 연결하고 빈칸에 그 낱말을 써 넣으세요.

가	이	오이	
오	기	모기	
모	시	가시	
사	다리	사다리	

	도마	도	머니
	오리	오	마
	어머니	어	구마
	고구마	고	리

낱말 만들어 읽고 쓰기

올바른 낱말이 되도록 왼쪽과 오른쪽 글자를 연결하고 빈칸에 그 낱말을 써 넣으세요.

아 ·	· 시	다시	
다 ·	· 리	미리	
이 ·	· 주	아주	
미 ·	· 미	이미	

	자주	자 ·	· 두
	무지	무 ·	· 무
	너무	너 ·	· 주
	모두	모 ·	· 지

어휘 짝 찾기

다음 〈보기〉에서 아래 쓰인 낱말의 짝이 되는 말이나 반대말을 골라 빈칸에 써 넣으세요.

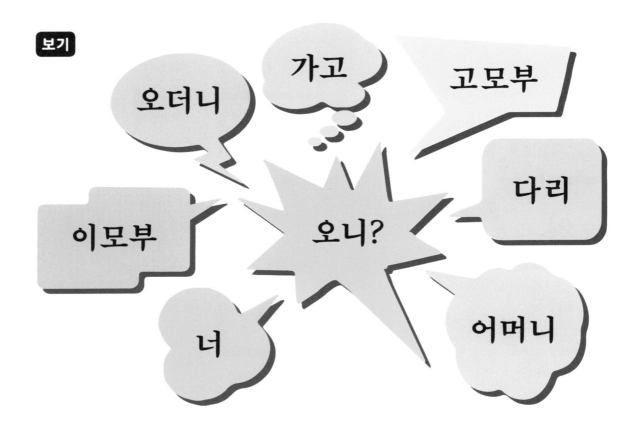

나	①		이모	⑤
아버지	②		오고	⑥
머리	③		고모	⑦
가더니	④		가니?	⑧

퍼즐 완성

다음 〈보기〉의 낱말을 골라 빈칸을 채워 퍼즐을 완성해 보세요.

보기

소나무　무지　지도　어머니
고구마　고니　마리　누나　소나기

정답 ① 나 ② 구 ③ 지 ④ 구 ⑤ 머 ⑥ 리

창의적으로 표현해 보기

학습자는 다음 낱말이 들어간 표현을 무엇이든 말로 해 보세요.
빈칸에는 그 낱말을 한 번 써 보세요.
(예시 표현은 읽어 주고, 학습자가 큰 소리로 따라서 하도록 해 보세요.)

낱말	내가 하고 싶은 말	써 보기
모기	작은 모기	모기
거미	무서운 거미	
버스	버스를 타고	
나무	나무를 심어요.	
두부	두부를 먹고	
소나기	소나기가 내려서	소나기
바다	바다로 가자.	
소리	소리가 크다.	
어머니	나의 어머니	
아버지	너의 아버지	
누나	키가 큰 누나	

창의적 문장 만들기

다음 낱말이 들어가는 문장을 말로 해 보고, 빈칸에는 그 낱말을 한 번 써 보세요.
예시 문장은 읽어 주고, 학습자는 큰 소리로 따라 하세요.

모두	친구들이 모두 왔어요.	모두
미리	미리 오세요.	
다시	다시 해 보세요.	
아주	아주 느려요.	아주
너무	너무 미워요.	
이미	이미 사라졌어요.	
무지	무지 더워요.	
자주	자주 나오세요.	자주
기어이	기어이 말썽을 피우는구나!	
바로	바로 그거예요.	
주로	주로 뭐 하니?	

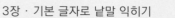

4장 기본 모음 [2] (ㅐ, ㅔ, ㅑ, ㅕ, ㅛ, ㅠ)

다음 모음자에 색칠을 해 보세요.

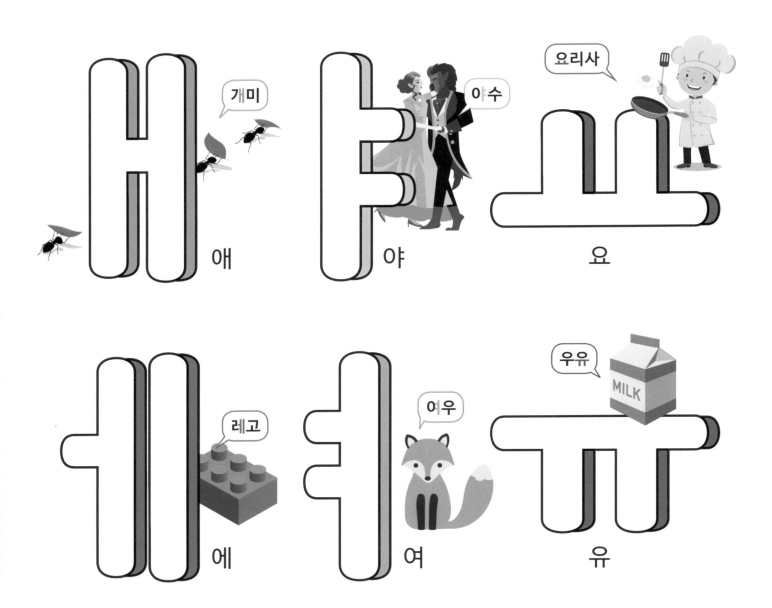

| 학습 목표 | • 기본 모음을 익힌다. • 기본 모음이 들어간 낱말을 혼자서 쓸 수 있다. |

기본 모음 따라 쓰기

다음 모음자를 쓰기 순서대로 따라서 써 보세요.

글자 혼자서 쓰기

기본 모음 [ㅐ, ㅔ, ㅑ, ㅕ]는 자음자의 오른쪽에, [ㅛ, ㅠ]는 자음자의 아래쪽에 붙여서 씁니다. 다 쓰고 나서 큰 소리로 읽어 보세요.

첫째 날			복습		
애	애		애		
에	에		에		
야	야		야		
여	여		여		
요	요		요		
유	유		유		

만든 글자 따라 쓰기

예시와 같이, 자음자와 모음자를 결합하여 만든 글자를 따라서 써 보세요.
다 쓰고 나서 만든 글자를 큰 소리로 읽어 보세요.
(예시: ㄱ + ㅑ = 갸 / ㄹ + ㅛ = 료)

	ㅐ	ㅔ	ㅑ	ㅕ	ㅛ	ㅠ
ㄱ	개	게	갸	겨	교	규
ㄴ	내	네	냐	녀	뇨	뉴
ㄷ	대	데	댜	뎌	됴	듀
ㄹ	래	레	랴	려	료	류
ㅁ	매	메	먀	며	묘	뮤
ㅂ	배	베	뱌	벼	뵤	뷰
ㅅ	새	세	샤	셔	쇼	슈
ㅇ	애	에	야	여	요	유

그림과 낱말 연결하기

그림과 낱말을 연결하고 큰 소리로 읽어 보세요.

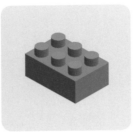

레고   네모   미녀   고래   야수

여우   베개   모래   가게   개미

글자 골라 써 보기

그림을 보고, 〈보기〉에서 알맞은 글자를 골라 쓰세요. 다 쓰고 난 다음 모든 낱말을 큰 소리로 읽어 보세요.

보기

녀
유
게
우

___리   부녀   새___   가___

요
여
래
레

___자   ___리   모레___   노___

개
야
녀
세

세모   ___미   미___   ___수

 # 그림과 낱말 연결하기

그림과 낱말을 연결하고 큰 소리로 읽어 보세요.

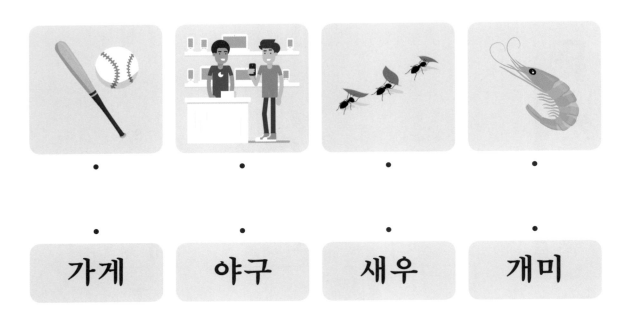

| 가게 | 야구 | 새우 | 개미 |

 # 낱말 따라 쓰기

위에서 연결한 낱말을 큰 소리로 읽고, 따라서 써 보세요.

	첫째 날			복습	
가게	가게			가게	
야구	야구			야구	
새우	새우			새우	
개미	개미			개미	

그림과 낱말 연결하기

그림과 낱말을 연결하고 큰 소리로 읽어 보세요.

| 매미 | 노래 | 요리 | 레고 |

낱말 따라 쓰기

위에서 연결한 낱말을 큰 소리로 읽고, 따라서 써 보세요.

	첫째 날			복습	
매미	매미			매미	
노래	노래			노래	
요리	요리			요리	
레고	레고			레고	

낱말 만들어 읽고 쓰기

예시와 같이, 올바른 낱말이 되도록 왼쪽과 오른쪽 글자를 연결하고 빈칸에 그 낱말을 써 넣으세요. (예시: **야** + **구** = 야구 / **모** + **레** = 모레)

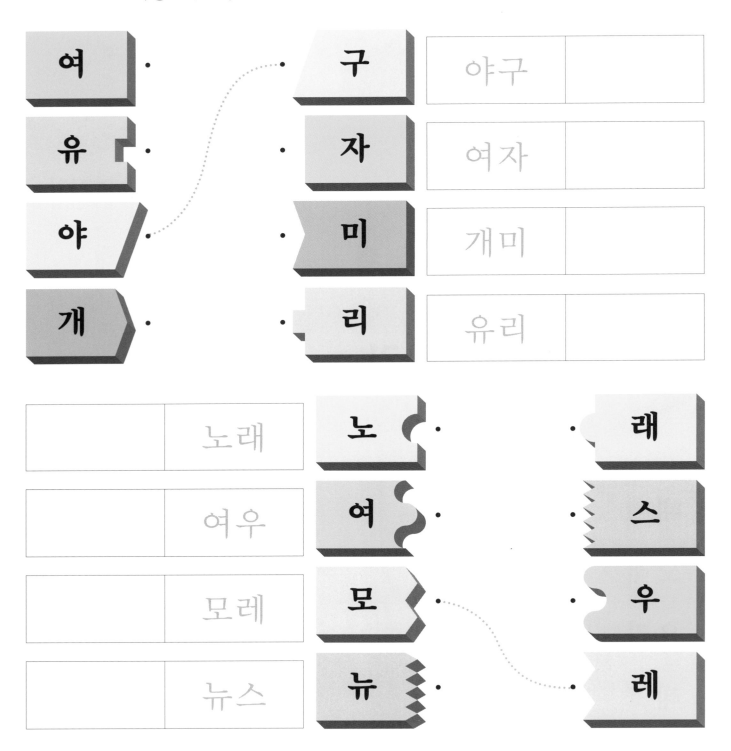

낱말 만들어 읽고 쓰기

올바른 낱말이 되도록 왼쪽과 오른쪽 글자를 연결하고 빈칸에 그 낱말을 써 넣으세요.

레	모	세모	
고	유	우유	
우	래	고래	
세	고	레고	

	미녀	미	모
	네모	네	녀
	야수	야	개
	베개	베	수

낱말 만들어 읽고 쓰기

올바른 낱말이 되도록 왼쪽과 오른쪽 글자를 연결하고 빈칸에 그 낱말을 써 넣으세요.

매	우	겨우	
겨	게	세계	
그	우	매우	
세	래	그래	

여기	여	로
오래	오	게
새로	새	기
다르게	다르	래

어휘 짝 찾기

다음 〈보기〉에서 아래 쓰인 낱말의 짝이 되는 말이나 반대말을 골라 빈칸에 써 넣으세요.

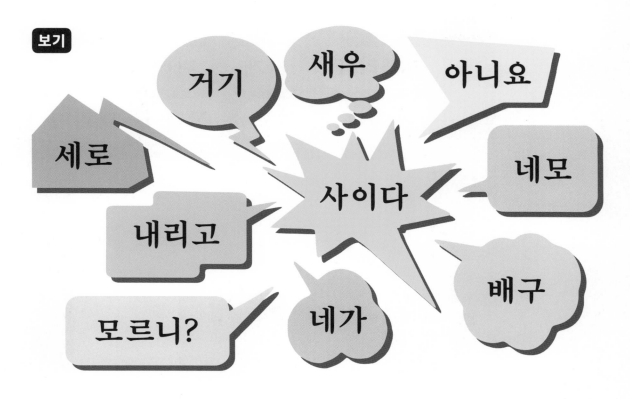

보기

거기 · 새우 · 아니요 · 세로 · 네모 · 내리고 · 사이다 · 모르니? · 네가 · 배구

고래	①		가로	⑥
우유	②		오르고	⑦
그래요	③		내가	⑧
야구	④		여기	⑨
세모	⑤		아니?	⑩

정답 ① 새우 ② 사이다 ③ 아니요 ④ 배구 ⑤ 네모 ⑥ 세로 ⑦ 내리고 ⑧ 네가 ⑨ 거기 ⑩ 모르니?

퍼즐 완성

다음 〈보기〉의 낱말을 골라 빈칸을 채워 퍼즐을 완성해 보세요.

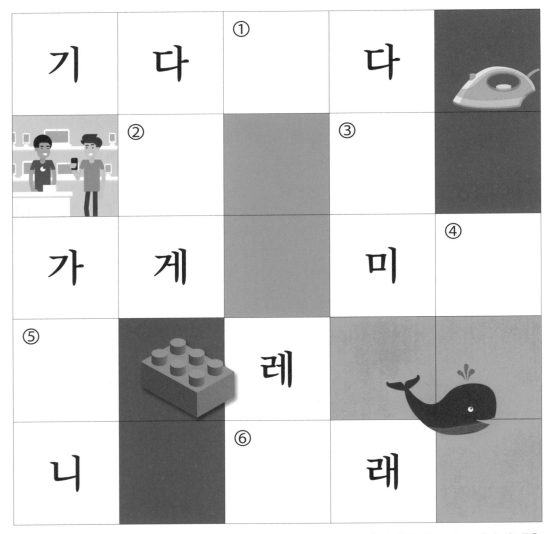

정답 ① 리 ② 르 ③ 리 ④ 녀 ⑤ 마 ⑥ 고

창의적으로 표현해 보기

학습자는 다음 낱말이 들어간 표현을 무엇이든 말로 해 보세요.
빈칸에는 그 낱말을 한 번 써 보세요.
(예시 표현은 읽어 주고, 학습자가 큰 소리로 따라서 하도록 해 보세요.)

낱말	내가 하고 싶은 말	써 보기
이야기	재미있는 옛날 이야기	이야기
야구	프로 야구	
여자	여자 중학교	
요리사	남자 요리사	
유리	깨진 유리창	
야자수	야자수 길	
베개	베개를 베다.	
여우	여우 목도리	
네모	네모난 필통	
미녀	미녀와 야수	
레고	레고 쌓기 놀이	

창의적 문장 만들기

다음 낱말이 들어가는 문장을 말로 해 보고, 빈칸에는 그 낱말을 한 번 써 보세요.
예시 문장은 읽어 주고, 학습자는 큰 소리로 따라 하세요.

이야기	옛날 이야기는 재밌어요.	이야기
며느리	엄마는 할머니의 며느리예요.	
고래	저 고래가 돌고래예요.	
가게	우유 사러 가게 가자.	
미녀	'미녀와 야수'를 보러 가요.	
유도	유도는 우리나라도 잘해요.	
새우	새우를 구워요.	
노래	노래를 부르자.	
우유	우유를 마셔야 해요.	
내기	내기하면 우리가 이겨요.	
매미	매미 두 마리가 울어요.	

창의적 문장 만들기

다음 낱말이 들어가는 문장을 말로 해 보고, 빈칸에는 그 낱말을 한 번 써 보세요.
예시 문장은 읽어 주고, 학습자는 큰 소리로 따라 하세요.

여기로	여기로 모이세요.	여기로
새로	새로 이사 와요.	
매우	우리말은 매우 중요해요.	매우
세게	머리를 세게 부딪쳤다.	
겨우	겨우 한 마리 잡았어요.	
이래	이래 봬도 엄청 비싸요.	
여기서	여기서 공부해요.	여기서
오래	오래 기다리게 해서 미안해요.	
그래	그래 봤자 소용없어.	
바로	오자마자 바로 떠났어.	
다르게	네가 다르게 보이는구나.	

5장 기본 자모 복습

아래 글자를 빈칸에 써 보세요.

아	어	오	우	으	이
아	어	오	우	으	이

다음 자음자를 쓰기 순서대로 따라서 써 보세요.

기역	니은	디귿	리을	미음	비읍	시옷	이응
ㄱ	ㄴ	ㄷ	ㄹ	ㅁ	ㅂ	ㅅ	ㅇ
ㄱ	ㄴ	ㄷ	ㄹ	ㅁ	ㅂ	ㅅ	ㅇ

다음 그림에 해당하는 글자를 빈칸에 써 넣으세요.

바 다

버 스

다음 빈칸에 낱말을 채워 퍼즐을 완성해 보세요.

가로

① 요리사
③ 자주
④ 어머니
⑥ 나무
⑦ 고리
⑧ 아마
⑨ 야자수
⑩ 바가지
⑪ 다시마

세로

① 다리
② 요요
③ 사자
④ 주머니
⑤ 머리
⑥ 바나나
⑦ 고구마
⑧ 아니야
⑩ 지다
⑪ 도마

다음 낱말이 들어가는 문장을 말로 해 보고, 빈칸에는 그 낱말을 한 번 써 보세요.
예시 문장은 읽어 주고, 학습자는 큰 소리로 따라 하세요.

이야기	옛날 이야기는 재밌어요.	이야기
새우	새우를 먹고 있어요.	
여자	우리 선생님은 여자예요.	
아버지	아버지는 외출했어요.	
유리	유리는 깨지기 쉬워요.	
야자수	저 야자수를 보세요.	
고구마	감자보다 고구마가 맛있어요.	
여우	여우 목도리는 따뜻해요.	
모기	모기 소리가 나요.	
가게	가게에 다녀오너라.	
구두	구두를 벗지 마세요.	

6장

기본 자음 [2] (ㅈ, ㅊ, ㅋ, ㅌ, ㅍ, ㅎ)

다음 자음자에 색칠을 해 보세요.

지읒

치읓

키읔

티읕

피읖

히읗

학습
목표
• 기본 자음을 익힌다.
• 기본 자음으로 만들어진 낱말을 익힌다.

기본 자음 따라 쓰기

다음 자음자를 쓰기 순서대로 따라서 써 보세요.

	첫째 날			복습	
지읒	ㅈ	ㅈ	ㅈ	ㅈ	ㅈ	ㅈ
치읓	ㅊ	ㅊ	ㅊ	ㅊ	ㅊ	ㅊ
키읔	ㅋ	ㅋ	ㅋ	ㅋ	ㅋ	ㅋ
티읕	ㅌ	ㅌ	ㅌ	ㅌ	ㅌ	ㅌ
피읖	ㅍ	ㅍ	ㅍ	ㅍ	ㅍ	ㅍ
히읗	ㅎ	ㅎ	ㅎ	ㅎ	ㅎ	ㅎ

만든 글자 따라 쓰기

예시와 같이, 자음자와 모음자를 결합하여 만든 글자를 따라서 써 보세요.
다 쓰고 나서 만든 글자를 큰 소리로 읽어 보세요.
(예시: ㅈ + ㅏ = 자 / ㅎ + ㅗ = 호)

	ㅏ	ㅓ	ㅗ	ㅜ	ㅡ	ㅣ
ㅈ	자	저	조	주	즈	지
ㅊ	차	처	초	추	츠	치
ㅋ	카	커	코	쿠	크	키

	ㅏ	ㅓ	ㅗ	ㅜ	ㅡ	ㅣ
ㅌ	타	터	토	투	트	티
ㅍ	파	퍼	포	푸	프	피
ㅎ	하	허	호	후	흐	히

만든 글자 혼자서 쓰기

예시와 같이, 자음자와 모음자를 결합하여 만든 글자를 빈칸에 채워 넣으세요.
다 쓰고 나서 만든 글자를 큰 소리로 읽어 보세요. (예시: ㅊ + ㅏ = 차 / ㅋ + ㅗ = 코)

	ㅏ	ㅓ	ㅗ	ㅜ	ㅡ	ㅣ
ㅈ		저			즈	
ㅊ	차			추		
ㅋ			코			키

	ㅏ	ㅓ	ㅗ	ㅜ	ㅡ	ㅣ
ㅌ		터			트	
ㅍ			포			
ㅎ	하					히

 # 그림과 낱말 연결하기

그림과 낱말을 연결하고 큰 소리로 읽어 보세요.

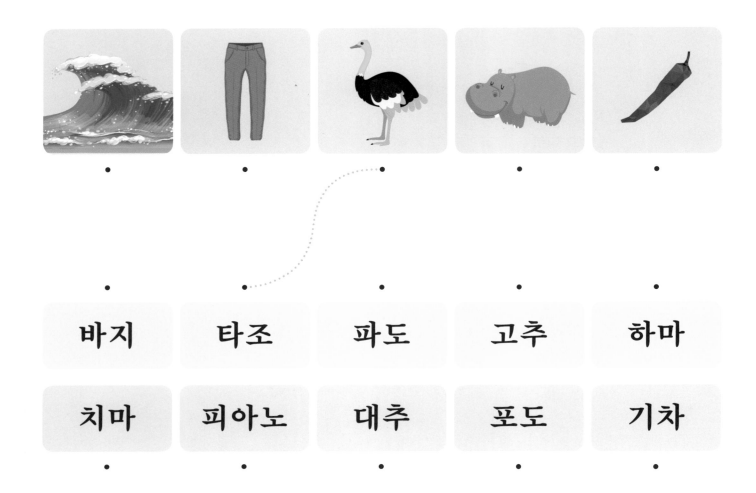

바지　　타조　　파도　　고추　　하마

치마　　피아노　　대추　　포도　　기차

글자 골라 써 보기

그림을 보고, 〈보기〉에서 알맞은 글자를 골라 쓰세요. 다 쓰고 난 다음 모든 낱말을
큰 소리로 읽어 보세요.

보기

| 자 |
| 타 |
| 티 |
| 하 |

___라노사우루스　　사_자_　　___조　　___마

| 차 |
| 지 |
| 토 |
| 파 |

기___　　바___　　___도　　도_토_리

| 추 |
| 치 |
| 포 |
| 피 |

고___　　___아노　　___도　　___즈

어휘 짝 찾기

다음 〈보기〉에서 아래 쓰인 낱말의 짝이 되는 말이나 반대말을 골라 빈칸에 써 넣으세요.

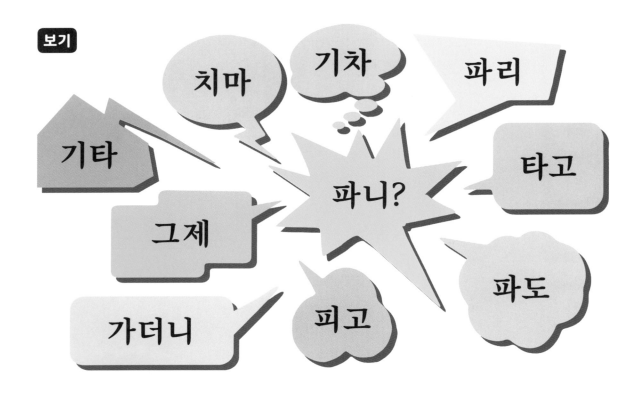

모기	①		사니?	⑥
버스	②		피아노	⑦
바지	③		오더니	⑧
바다	④		지고	⑨
내리고	⑤		모레	⑩

그림과 낱말 연결하기

그림과 낱말을 연결하고 큰 소리로 읽어 보세요.

| 파도 | 바지 | 타조 | 기차 |

낱말 따라 쓰기

위에서 연결한 낱말을 큰 소리로 읽고, 따라서 써 보세요.

	첫째 날			복습	
기차	기차			기차	
바지	바지			바지	
파도	파도			파도	
타조	타조			타조	

그림과 낱말 연결하기

그림과 낱말을 연결하고 큰 소리로 읽어 보세요.

| 사자 | 치마 | 고추 | 카드 |

낱말 따라 쓰기

위에서 연결한 낱말을 큰 소리로 읽고, 따라서 써 보세요.

	첫째 날			복습	
사자	사자			사자	
치마	치마			치마	
고추	고추			고추	
카드	카드			카드	

낱말 만들어 읽고 쓰기

올바른 낱말이 되도록 왼쪽과 오른쪽 글자를 연결하고 빈칸에 그 낱말을 써 넣으세요.

자	·	·	두	자두	
피	·	·	미드	피라미드	
피라	·	·	마	하마	
하	·	·	자	피자	

	가지	가	·	·	지
	아버지	아	·	·	두
	호두	호	·	·	토리
	도토리	도	·	·	버지

낱말 만들어 읽고 쓰기

올바른 낱말이 되도록 왼쪽과 오른쪽 글자를 연결하고 빈칸에 그 낱말을 써 넣으세요.

하		리	허리	
지		나	하나	
허		리	파리	
파		우개	지우개	

	대추	대		크
	포크	포		추
	주머니	주		아노
	피아노	피		머니

창의적으로 표현해 보기

학습자는 다음 낱말이 들어간 표현을 무엇이든 말로 해 보세요.
빈칸에는 그 낱말을 한 번 써 보세요.
(예시 표현은 읽어 주고, 학습자가 큰 소리로 따라서 하도록 해 보세요.)

도토리	도토리 키 재기	도토리
가지	검은 자주색 가지	
크레파스	크레파스와 도화지	
카드	생일 카드	
고추	매운 고추	고추
하마	몸집이 큰 하마	
호두	맛있는 호두과자	
주머니	주머니가 달린 티셔츠	
피리	풀피리 소리	
티라노사우루스	육식 공룡 티라노사우루스	
기타	기타를 치다	

창의적 문장 만들기

다음 낱말이 들어가는 문장을 말로 해 보고, 빈칸에는 그 낱말을 한 번 써 보세요.
예시 문장은 읽어 주고, 학습자는 큰 소리로 따라 하세요.

도토리	다람쥐는 도토리를 먹어요.	도토리
기차	기차는 길어요.	
사자	사자는 무서워요.	
포도	포도는 맛있어요.	
피아노	나는 피아노를 못 쳐요.	
아버지	아버지는 어머니를 사랑해요.	아버지
커피	우리나라 사람도 커피를 좋아해요.	
파도	파도가 높아요.	
타조	타조알은 계란보다 커요.	
모자	모자를 써요.	모자
피노키오	피노키오는 코가 길어요.	

창의적 문장 만들기

다음 낱말이 들어가는 문장을 말로 해 보고, 빈칸에는 그 낱말을 한 번 써 보세요.
예시 문장은 읽어 주고, 학습자는 큰 소리로 따라 하세요.

어제	어제는 휴일이었어요.	어제
자주	영화 보러 자주 가요.	자주
차라리	차라리 오지 말 걸.	
서서히	서서히 뜨거워지고 있어.	
차차	날이 차차 갤 거야.	
스스로	네가 스스로 해야 해.	
자세히	문제를 자세히 읽어 봐.	
내내	방학 내내 신나게 놀았어.	내내
거의	이제 거의 다 왔어요.	
아마	아마 그게 맞을 거야.	
드디어	드디어 산꼭대기에 도착했어.	

다음 자음자에 색칠을 해 보세요.

쌍기역   쌍디귿   쌍비읍

쌍시옷   쌍지읒

학습 목표	• 쌍자음을 익힌다.
	• 쌍자음이 들어간 낱말을 혼자서 쓸 수 있다.

쌍자음 따라 쓰기

다음 자음자를 쓰기 순서대로 따라서 써 보세요.

쌍기역	쌍디귿	쌍비읍	쌍시옷	쌍지읒
ㄲ	ㄸ	ㅃ	ㅆ	ㅉ
ㄲ	ㄸ	ㅃ	ㅆ	ㅉ
ㄲ	ㄸ	ㅃ	ㅆ	ㅉ

앞에서 배운 다음 자음자의 이름을 읽으면서 다시 써 보세요.

기역	니은	디귿	리을	미음	비읍	시옷
ㄱ	ㄴ	ㄷ	ㄹ	ㅁ	ㅂ	ㅅ
ㄱ	ㄴ	ㄷ	ㄹ	ㅁ	ㅂ	ㅅ

쌍자음 혼자서 쓰기

쓰기 순서에 맞춰 빈칸에 자음자를 써 넣으세요.

쌍기역	쌍디귿	쌍비읍	쌍시옷	쌍지읒
ㄲ	ㄸ	ㅃ	ㅆ	ㅉ
ㄲ	ㄸ	ㅃ	ㅆ	ㅉ

앞에서 배운 다음 자음자의 이름을 읽으면서 다시 써 보세요.

이응	지읒	치읓	키읔	티읕	피읖	히읗
ㅇ	ㅈ	ㅊ	ㅋ	ㅌ	ㅍ	ㅎ
ㅇ	ㅈ	ㅊ	ㅋ	ㅌ	ㅍ	ㅎ

만든 글자 따라 쓰기

예시와 같이, 자음자와 모음자를 결합하여 만든 글자를 따라서 써 보세요.
다 쓰고 나서 만든 글자를 큰 소리로 읽어 보세요. (예시: ㄲ + ㅏ = 까 / ㅆ + ㅐ = 쌔)

	ㄲ	ㄸ	ㅃ	ㅆ	ㅉ
ㅏ	까	따	빠	싸	짜
ㅓ	꺼	떠	뻐	써	쩌
ㅕ	껴	떠	뼈	셔	쪄
ㅗ	꼬	또	뽀	쏘	쪼
ㅜ	꾸	뚜	뿌	쑤	쭈
ㅡ	끄	뜨	쁘	쓰	쯔
ㅣ	끼	띠	삐	씨	찌
ㅐ	깨	때	빼	쌔	째
ㅔ	께	떼	뻬	쎄	쩨

그림과 낱말 연결하기

그림과 낱말을 연결하고 큰 소리로 읽어 보세요.

꼬리	뻐꾸기	가짜	도끼	까치

코뼈	뽀뽀	뿌리	코끼리	쓰레기

 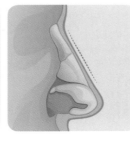   

글자 골라 써 보기

그림을 보고, 〈보기〉에서 알맞은 글자를 골라 쓰세요. 다 쓰고 난 다음 모든 낱말을 큰 소리로 읽어 보세요.

보기

짜 뿌 꼬 띠

꼬리   머리＿＿   ＿＿리   가＿＿

까 쓰 끼 뼈

   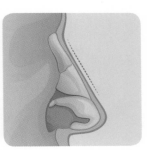

＿＿기   도끼   ＿＿치   코＿＿

씨 꾸 또 꺼

아저＿＿   꺼내다   뼈＿＿기   ＿＿래

그림과 낱말 연결하기

그림과 낱말을 연결하고 큰 소리로 읽어 보세요.

| 아빠 | 토끼 | 꼬리 | 짜다 |

낱말 따라 쓰기

위에서 연결한 낱말을 큰 소리로 읽고, 따라서 써 보세요.

	첫째 날			복습	
꼬리	꼬리			꼬리	
짜다	짜다			짜다	
토끼	토끼			토끼	
아빠	아빠			아빠	

그림과 낱말 연결하기

그림과 낱말을 연결하고 큰 소리로 읽어 보세요.

| 새끼 | 가짜 | 까치 | 허리띠 |

낱말 따라 쓰기

위에서 연결한 낱말을 큰 소리로 읽고, 따라서 써 보세요.

	첫째 날			복습	
새끼	새끼			새끼	
가짜	가짜			가짜	
까치	까치			까치	
허리띠	허리띠			허리띠	

낱말 만들어 읽고 쓰기

올바른 낱말이 되도록 왼쪽과 오른쪽 글자를 연결하고 빈칸에 그 낱말을 써 넣으세요.

쓰		기
뿌		마
꼬		다
짜		리

쓰기	
꼬마	
짜다	
뿌리	

도끼		도		끼
코뼈		코		기
쓰레기		쓰레		끼오
꼬끼오		꼬		뼈

낱말 만들어 읽고 쓰기

올바른 낱말이 되도록 왼쪽과 오른쪽 글자를 연결하고 빈칸에 그 낱말을 써 넣으세요.

아저		어	끼어	
뽀		씨	아저씨	
끼		꺼기	찌꺼기	
찌		뽀	뽀뽀	

	코끼리	코		내
	꺼내	꺼		끼리
	머리띠	머		꾸기
	뻐꾸기	뻐		리띠

낱말 만들어 읽고 쓰기

올바른 낱말이 되도록 왼쪽과 오른쪽 글자를 연결하고 빈칸에 그 낱말을 써 넣으세요.

자		까	아까	
아		로	따로	
이따		꾸	자꾸	
따		가	이따가	

	또다시	또		꾸로
	때때로	때때		이
	거꾸로	거		다시
	기꺼이	기꺼		로

창의적으로 표현해 보기

학습자는 다음 낱말이 들어간 표현을 무엇이든 말로 해 보세요.
빈칸에는 그 낱말을 한 번 써 보세요.
(예시 표현은 읽어 주고, 학습자가 큰 소리로 따라서 하도록 해 보세요.)

빼기	오 빼기 일	빼기
오빠	아빠 닮은 오빠	오빠
쓰기	한글 쓰기 숙제	
까치	까치 설날	
꼬끼오	'꼬끼오'하고 운다.	꼬끼오
메뚜기	메뚜기 한 마리	
아저씨	국군 아저씨	
뽀뽀	뽀뽀를 하다	
뻐꾸기	뻐꾸기는 '뻐꾹뻐꾹'	
머리띠	머리띠를 매다.	
끼우다	유리창을 끼우다.	

창의적 문장 만들기

다음 낱말이 들어가는 문장을 말로 해 보고, 빈칸에는 그 낱말을 한 번 써 보세요.
예시 문장은 읽어 주고, 학습자는 큰 소리로 따라 하세요.

빼기	오(5) 빼기 일(1)은 사(4)다.	빼기
꺼내세요	주머니에서 공을 꺼내세요.	
아빠	엄마보다 아빠가 좋다.	
까치	우리 집 앞에는 까치가 많다.	
뿌리	큰 나무는 뿌리가 깊다.	뿌리
코끼리	코끼리는 코가 손이다.	
도끼	이 도끼가 네 도끼냐?	
토끼	산토끼는 산에서 산다.	
꼬리	사람은 꼬리가 없다.	꼬리
기쁘다	난 네가 와서 기쁘다.	
찌꺼기	음식 찌꺼기를 잘 버려라.	

창의적 문장 만들기

다음 낱말이 들어가는 문장을 말로 해 보고, 빈칸에는 그 낱말을 한 번 써 보세요.
예시 문장은 읽어 주고, 학습자는 큰 소리로 따라 하세요.

이따가	이따가 만나자.	이따가
바빠서	바빠서 나도 못 가.	
자꾸	자꾸 보고 싶다.	
그때그때	그때그때 치우세요.	
아까	아까 그 일은 미안해.	
거꾸로	거꾸로 매달려 있다.	거꾸로
그저께	그저께 철수를 만났다.	
또다시	노래를 또다시 들어 보자.	
기꺼이	기꺼이 함께할 거야.	
따로	따로 모여서 이야기하자.	
때때로	때때로 비가 내려요.	

어휘 짝 찾기

다음 〈보기〉에서 아래 쓰인 낱말의 짝이 되는 말이나 반대말을 골라 빈칸에 써 넣으세요.

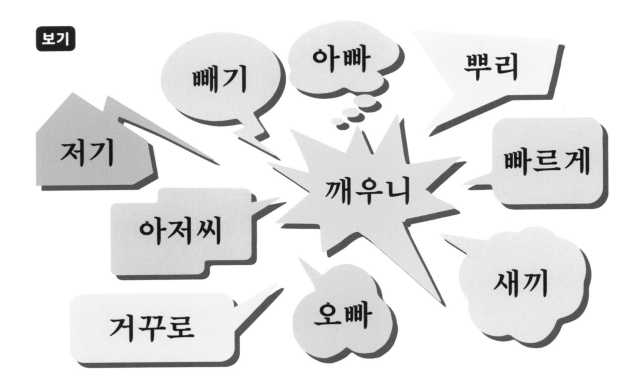

더하기	①	여기	⑥
엄마	②	누나	⑦
가지	③	아주머니	⑧
느리게	④	재우니	⑨
바로	⑤	어미	⑩

어휘 짝 찾기

다음 〈보기〉에서 아래 쓰인 낱말의 짝이 되는 말이나 반대말을 골라 빈칸에 써 넣으세요.

보기

효녀 / 져서 / 코끼리 / 꼬리 / 따로 / 때때로 / 비싸다 / 짜니까 / 끼우고 / 배추

머리	①	자주	⑥
효자	②	무	⑦
이겨서	③	매우니까	⑧
싸다	④	모여서	⑨
빼고	⑤	하마	⑩

정답 ① 꼬리 ② 효녀 ③ 져서 ④ 비싸다 ⑤ 끼우고 ⑥ 때때로 ⑦ 배추 ⑧ 짜니까 ⑨ 따로 ⑩ 코끼리

다음 자음자의 이름을 소리 내어 읽으면서 빈칸에 써 보세요.

지읒	치읓	키읔	티읕	피읖	히읗
ㅈ	ㅊ	ㅋ	ㅌ	ㅍ	ㅎ
ㅈ	ㅊ	ㅋ	ㅌ	ㅍ	ㅎ

다음 자음자의 이름을 소리 내어 읽으면서 빈칸에 써 보세요.

쌍기역	쌍디귿	쌍비읍	쌍시옷	쌍지읒
ㄲ	ㄸ	ㅃ	ㅆ	ㅉ
ㄲ	ㄸ	ㅃ	ㅆ	ㅉ

다음 그림에 해당하는 글자를 빈칸에 써 넣으세요.

가	짜

새	끼

다음 빈칸에 낱말을 채워 퍼즐을 완성해 보세요.

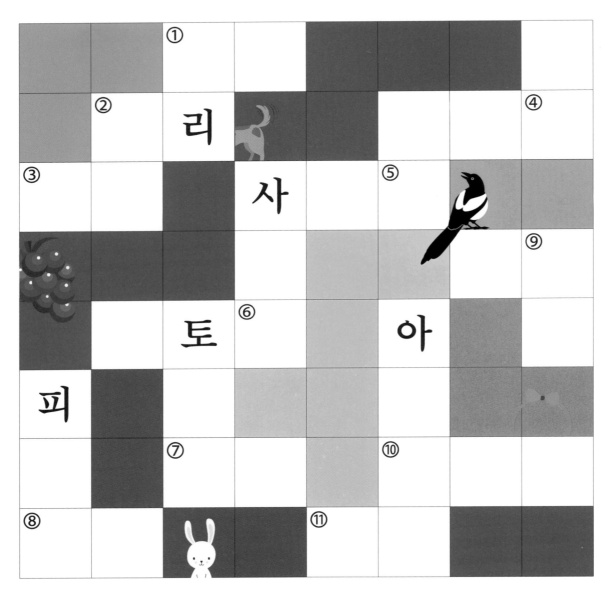

가로
① 꼬마
② 파리
③ 포도
④ 바가지
⑤ 사이다
⑥ 도토리
⑦ 토끼
⑧ 노래
⑨ 까치
⑩ 머리띠
⑪ 고니

세로
① 꼬리
② 파도
④ 바지
⑤ 바다
⑥ 사투리
⑦ 토마토
⑧ 피아노
⑨ 치마
⑩ 아주머니

다음 낱말이 들어가는 문장을 말로 해 보고, 빈칸에는 그 낱말을 한 번 써 보세요.
예시 문장은 읽어 주고, 학습자는 큰 소리로 따라 하세요.

고추	작은 고추가 더 맵다.	고추
카드	카드놀이를 해요.	
이따가	이따가 도서관에서 보자.	
치마	치마를 자주 입어요.	
바가지	바가지는 박으로 만든다.	
거꾸로	거꾸로 읽어 보세요.	
주머니	주머니가 없는 옷도 있다.	
가짜	가짜가 진짜처럼 보인다.	
피아노	피아노 칠 줄 아니?	
허수아비	허수아비가 논을 지켜요.	
따로	따로 나중에 만나자.	

예시와 같이, 자음자와 모음자를 결합해서 글자를 만들어 빈칸에 써 넣으세요.
(예시: ㄷ + ㅓ = 더 / ㅅ + ㅡ = 스)

	ㄱ	ㄴ	ㄷ	ㄹ	ㅁ	ㅂ	ㅅ	ㅇ	ㅈ	ㅊ
ㅏ	가									
ㅑ		냐			먀	뱌			쟈	챠
ㅓ			더				서			
ㅕ				려				여		
ㅗ					모				조	
ㅛ		됴				뵤				쵸
ㅡ			드				스			
ㅜ				루				우		
ㅠ				류					쥬	츄
ㅐ					매			애		
ㅔ					메				제	

예시와 같이, 자음자와 모음자를 결합해서 글자를 만들어 빈칸에 써 넣으세요.
(예시: ㅋ + ㅏ = 카 / ㄲ + ㅗ = 꼬)

	ㅋ	ㅌ	ㅍ	ㅎ	ㄲ	ㄸ	ㅃ	ㅆ	ㅉ
ㅏ	카								
ㅑ	캬	탸	퍄	햐	꺄	땨	뺘	썌	쨔
ㅓ			퍼						
ㅕ				혀		뗘		쎠	쪄
ㅗ					꼬				
ㅛ						뚀	뾰	쑈	쬬
ㅡ									
ㅜ									
ㅠ					뀨	뜌	쀼	쓔	쮸
ㅒ									
ㅖ									

다음 낱말을 읽고 빈칸에 써 보세요.

바나나		고구마		여우	
어부		자두		저고리	
휴지		바구니		도토리	
야구		토마토		효자	
라디오		두더지		바지	
가게		도마		바가지	
파도		타조		하마	
포도		허리		머리띠	
뻐꾸기		가짜		도깨비	
오빠		까치		꼬리	

다음 〈보기〉에서 아래 쓰인 낱말의 짝이 되는 말이나 반대말을 골라 빈칸에 써 넣으세요.

보기 거꾸로 꼬리 너 치마 배추 빼기 뿌리 세로 지고

가로	①
나	②
더하기	③

무	④
가지	⑤
머리	⑥

피고	⑦
바지	⑧
바로	⑨

정답 ① 세로 ② 너 ③ 빼기 ④ 배추 ⑤ 뿌리 ⑥ 꼬리 ⑦ 지고 ⑧ 치마 ⑨ 거꾸로

다음 〈보기〉에서 아래 쓰인 낱말의 짝이 되는 말이나 반대말을 골라 빈칸에 써 넣으세요.

보기 깨우니 네가 네모 모르니? 비싸다 빠르게 새끼 파리 지고

내가	①
아니?	②
이기고	③

재우니	④
싸다	⑤
모기	⑥

느리게	⑦
어미	⑧
세모	⑨

정답 ① 네가 ② 모르니? ③ 지고 ④ 깨우니 ⑤ 비싸다 ⑥ 파리 ⑦ 빠르게 ⑧ 새끼 ⑨ 네모

대립 어휘 학습은
<퀴즈 모공열> 앱으로

안드로이드/아이폰 모두 사용 가능

<퀴즈 모공열> 앱은 우리말 핵심 어휘 6천 개, 예문 3천 개를 포함한
총 15,000개 어휘를 활용하여 퀴즈가 구성되어 있습니다.
<퀴즈 모공열>로 퀴즈를 풀다 보면
우리말 어휘 능력이 놀랄 만큼 향상되는 것을 느끼실 수 있습니다.

모공열은 "모국어가 공부의 열쇠다"의 줄임말로
창의적 인재와 사고력을 키우는
대립 개념 중심의 모국어 학습 브랜드입니다.